TABLEAU

DE LA VIE

PRIVÉE ET POLITIQUE

De Joseph GAILLARDIE, habitant de Saint-Lys, Département de la Haute-Garonne, détenu dans la maison d'arrêt de Toulouse, comme prévenu de complicité dans la conspiration du 3 nivose an 9 de l'ère républicaine.

> Il y a tyrannie toutes les fois qu'il est attenté arbitrairement à la liberté individuelle des citoyens.... Il y a tyrannie quand les tribunaux obéissent à une autre impulsion que celle de la loi.... *Rapport du représentant du peuple Saladin à la convention nationale, fait le 12 ventose an 3, page 5.*

ON fait, à deux cents lieues de Paris, une procédure longue et dispendieuse contre de prétendus complices de l'assassinat tenté sur la personne du premier consul ; on a entendu une nuée de témoins, presque tous attachés à la cause des rois, ou serviles créatures de ceux qui les administrent.

C'est, dit-on, par ordre du Gouvernement. Mais cet ordre, s'il existe, a dû être provoqué par des rapports ; et ces rapports, qui les a faits ?.... Il suffit de voir quels sont les individus qu'on poursuit, pour connoître la main qui veut frapper ; elle croit être invisible comme celle qui traça sur le mur la condamnation d'un roi sacrilège....... Frivole espoir ! celui qui la dirige n'est point un Dieu.

Mais voyez le contraste des procédés ! Tandis que le ministre de la police générale attribue l'attentat au royalisme et aux odieuses manœuvres d'un ministre Anglais, tandis qu'il livre aux tribunaux de Paris vingt-deux individus, chouans, vendéens, ci-devant nobles, prêtres réfractaires, religieuses même, à Toulouse, on poursuit les républicains comme complices de pareilles gens. C'est bien mal adroitement accoupler les agneaux avec les tigres. Les républicains à Toulouse sont doux et honnêtes, ils respectent les lois et l'autorité; mais quoiqu'on en dise, ils ne sont pas faits pour ramper.

Si le Gouvernement a ordonné de faire une procédure contre les complices de l'attentat commis sur la personne du premier consul, il a fait son devoir. Cet attentat odieux ne doit pas rester impuni ; quelque part qu'on en découvre des complices, la justice nationale doit les atteindre et les frapper. Mais si sans de preuves suffisantes, que dis-je ? si malgré le défaut absolu de preuves, on s'amuse à lancer des mandats d'arrêt contre des républicains, contre des fonctionnaires publics qui ont toujours respecté les lois et le Gouvernement, on peut dire avec le représentant Saladin qu'il y a *tyrannie* parce qu'on attente arbitrairement à la liberté individuelle des citoyens.

Alors ce n'est pas la faute du Gouvernement ; je ne puis me plaindre que de ceux qui dirigent la marche de cette procédure et de ceux qui ont trompé le Gouvernement par de faux rapports. Je suis juste, et je déclare qu'il est possible que ceux qui ont fait ces rapports au Gouvernement ayent été trompés eux-mêmes. Car tel est le sort de tous les Gouvernans, ils sont forcés de voir par leurs agens ; ceux-ci voient à leur tour par les yeux d'autrui ; les uns et les autres sont obsédés par l'intrigue, qui s'attache toujours aux gens en place, en sorte que souvent ils servent, sans le savoir, d'instrument à des vengeances particulieres, à des passions haineuses qui prennent adroitement le masque du bien public, pour assouvir leur rage.

Si donc c'est le Gouvernement qui a donné des ordres pour activer cette procédure, il faut croire qu'il veut laisser un libre cours à la justice ; si c'est le ministre de la police générale, il faut croire qu'il ne voudroit pas trahir la confiance du Gouvernement, en donnant à la justice une autre impulsion que celle de la loi. Ce seroit de sa part une véritable *tyrannie*.

Quoiqu'il en soit, sous le prétexte de cette procédure, je suis détenu dans la maison d'arrêt et ma détention est ordonnée dans un tems où ma présence seroit absolument nécessaire pour l'exploitation de la ferme des barrières, à laquelle je suis associé, et pour l'exploitation d'une partie de la forêt de Rieumes, dont je suis adjudicataire. Et si, comme je le démontrerai, la procédure n'établit aucune inculpation contre moi, qui me dédommagera des pertes que va nécessairement m'occasionner cette injuste détention ? La loi veut que ce soit mon dénonciateur; la probité en fait un devoir à la conscience du juge qui auroit décerné arbitrairement un mandat d'arrêt contre moi. Mais si mon dénonciateur est protégé, si la conscience du juge a cédé trop complaisamment à l'impulsion de l'autorité trompée, le cri de la justice sera étouffé, mes réclamations deviendront inutiles et je serai peut-être réduit à me trouver heureux d'avoir pu opérer ma justification.

Si comme Joseph Rey, colporteur de papiers nouvelles, j'avois osé distribuer publiquement une romance diffamatoire contre le premier consul et la représentation nationale, on ne m'auroit pas laissé gémir long-tems dans les prisons ; on se seroit empressé de me présenter devant un jury spécial, on auroit évité de dire dans l'acte d'accusation le contenu de cette romance et le jury bénévole auroit déclaré à l'unanimité qu'il n'y avoit pas lieu à accusation. (*Voyez le procès verbal de l'assemblée du jury contre Joseph Rey, en date du 9 germinal.*)

Mais je suis républicain et le salut du premier consul n'est pas le véritable motif des persécutions dirigées contre moi ; ce sont des vengeances particulières qu'on veut favoriser ; on veut encore punir les républicains de la Haute-Garonne d'avoir étouffé l'insurrection royale, et ce qui le prouve, c'est que l'on recrute pour témoins des insurgés et des partisans de l'insurrection.

Le but que je me propose dans ce précis, n'est pas de présenter ma justification ; j'ai voulu faire connoître à mes concitoyens les motifs de mon arrestation, pour détruire des bruits calomnieux que mes ennemis se sont empressés de répandre. Les lâches ! ils ne sont pas satisfaits de me savoir dans les fers, ils voudroient porter atteinte à mon honneur, à ma délicatesse, à la confiance publique que je crois avoir méritée par mon exactitude à remplir tous les engagemens que j'ai contractés jusqu'à ce jour.

Je vais donc me peindre tel que j'ai été, tel que je suis dans ce moment et tel que j'espère d'être, c'est-à-dire un citoyen probe et irréprochable sous tous les rapports. Si je n'entre point dans les détails de ma justification, relativement au délit qui m'est imputé, c'est que le directeur du jury, au mépris de l'article CXVI du tit. V et CILVIII du tit. VII du code des délits et des peines, ne m'a point donné lecture des dépositions des témoins ; il fait plus ! nous sommes arrêtés, il continue l'enquête, et au mépris de l'article CXV, il les entend séparément hors de notre présence (1). Mais dans le narré que je vais faire, j'en dirai assez pour convaincre mes concitoyens qu'il ne me sera pas difficile de faire triompher mon innocence devant les tribunaux, et que, fort de ma conscience, je ne dois en redouter aucun.

Je suis le fils de Jean-Pierre Gaillardie, négociant de St.-Lys, et de Marie Saintague. Mon père fit son commerce avec cette loyauté qui caractérise l'honnête homme ; je défie tous les malveillans de la contrée de citer un seul fait qui puisse porter la moindre atteinte à sa réputation. En mourant, il laissa trois enfans dont j'étois l'aîné, et je n'avois que quatre ans ; nous vécûmes avec ma mère dans la médiocrité, du produit d'un bien rural que mon père avoit acquis des profits de son commerce ; il ne fut donc pas possible à ma mère de fournir aux frais de notre éducation.

J'avois un oncle paternel, chanoine au ci-devant chapitre de Lisle-en-Jourdain, mais égoïste et peu libéral, comme le sont presque tous les prêtres ; il nous fit plus de mal que de bien. Il me plaça cependant, malgré ma répugnance, à l'âge de

---

(1) Ce n'est pas ainsi qu'il s'est conduit envers le juge-de-paix Fabié. Celui-ci connoissoit la loi et l'a forcé de la suivre ; je suis un homme illitéré, il a abusé de mon ignorance ; et voilà la justice qui a deux poids et deux mesures.

onze ans en apprentissage chez un tailleur. Dégoûté d'avance de ce métier, je n'y restai pas long-tems. Je revins auprès de ma mère qui m'occuppa, selon mes forces, au travail de l'agriculture. A l'âge de quatorze ans, elle me plaça chez un boulanger à Seysses, qui me garda deux ans et m'enseigna son métier. On tira le sort pour la milice; il tomba sur un jeune homme qui n'avoit pas l'ame martiale; on me proposa de marcher à sa place; j'acceptai la proposition; une somme convenue me fut comptée et me voilà milicien.

Bientôt après vint un ordre du Gouvernement pour former un corps de grenadiers royaux; je fus appelé à Auch et trouvé digne d'être incorporé dans ce beau régiment. Je tombai malade pendant qu'on organisoit un bataillon; je restai un mois et demi à l'hôpital; j'obtins un congé de convalescence de deux mois, et dans cet intervalle le bataillon fut licencié.

Je repris le métier de boulanger; je vins travailler à Toulouse en qualité de garçon, chez Jean Bernard, rue Peyrollières, pendant six mois. L'envie me prit d'aller voir Bordeaux; je quittai Toulouse. Au bout de trois mois de séjour dans mon nouveau domicile, je vis arriver un nommé Becane, garçon chandelier, mon contemporain et mon ami. Il ne trouva point de fabrique où il pût travailler, il m'engagea à revenir à Toulouse avec lui; nous y arrivames la veille du *Fénétra* de *Saint-Cyprien*.

Becane s'engagea dans les dragons de *Monsieur*. Le citoyen Albert étoit alors chargé de recruter pour ce régiment, de concert avec Mas, ancien grenadier de la vieille marine; le citoyen Albert chargea Becane de lui procurer quelques jeunes gens de bonne volonté. Il vint me proposer d'imiter son exemple. L'amitié me fit condescendre à ses désirs. il me présenta au citoyen Albert qui m'agréa de suite ; je lui dis cependant que j'avois été incorporé dans un bataillon de grenadiers royaux qui avoit été licencié à Auch ; que néanmois j'étois inscrit sur le contrôle à l'Intendance et que je craignois de me compromettre en m'engageant dans un autre corps. Il fit part de mes craintes au ci-devant comte de la Chatre, colonel des dragons de *Monsieur*. Il promit de lever toutes les difficultés, et ordonna de me faire partir pour Paris. J'y arrivai avec huit camarades de recrue ; nous fumes obligés d'aller à Versailles où le comte de la Chatre étoit de service. Il m'accueillit avec bonté ; je lui réitérai mes premières observations ; il m'assura qu'il prenoit tout sur lui, et nous envoya en garnison au Mans.

Quelque temps après, le corps reçut ordre de partir pour Schelestadt, où je restai cinq mois. Le comte de la Chatre avoit oublié d'écrire à l'Intendant d'Auch pour me faire rayer du contrôle des grenadiers royaux. Celui-ci me dénonça comme déserteur ; Je fus arrêté et traduit à Auch de brigade en brigade pour y être jugé par un conseil de guerre. Mes juges ne purent regarder comme une désertion mon passage d'un corps licencié dans un autre qui étoit en activité de service ; mais suivant la jurisprudence du tems, ils me condamnèrent à servir pendant dix ans dans les corps des grenadiers royaux qui n'étoit pas définitivement organisé, et en attendant ils me renvoyèrent en prison. Je fis faire des réclamations auprès du Gouvernement qui ordonna que je fusse mis en liberté et renvoyé dans mes foyers jusqu'à nouvel ordre.

Après avoir resté un mois dans ma famille, je revins à

Toulouse, j'y travaillai pendant trois ans dans la boulangerie du ci-devant chapitre St.-Etienne. Je me mariai; j'allai m'établir à St.-Lys où j'entrepris la boulangerie pour mon compte. Je vivois sagement et avec économie; huit mois après on me proposa de prendre la ferme de Lamasquere, appartenant au ci devant chapitre St.-Etienne; je la gardai pendant deux ans.

Ma bonne conduite m'attira la confiance et l'affection d'un contemporain et bon ami de mon père; c'est le citoyen Marion : il me proposa de prendre avec lui le commerce des chevaux et des mules. Ce commerce ne nous empêcha pas de continuer nos spéculations sur les fermes; nous primes celles d'Empaux et de Pilauzic, et nous restames associés jusqu'en 1790, époque à laquelle le citoyen Marion père abandonna la gestion de ses affaires à son fils. Celui-ci témoin de ma loyauté et de ma reconnoissance envers son père, voulut continuer la société et se lia d'amitié avec moi.

Voilà le tableau de ma vie privée jusqu'à l'aurore de la révolution; il ne présente rien de bien intéressant; mais les différentes circonstances que j'y retrace, doivent rappeler à mes concitoyens, qu'il n'en est aucune où je me sois écarté des principes de l'honneur et de la probité. Par mon travail et mon économie, je suis parvenu à me procurer une honnête aisance; je me suis attiré des envieux et des jaloux qui, semblables aux frelons paresseux, voudroient s'approprier le miel des abeilles; mais malgré les envieux et les jaloux, j'aurai le plaisir de jouir de ma petite fortune, sans remords, comme sans reproches.

Ma vie politique pendant la révolution, n'offre rien qui ait jamais pû mériter l'animadversion des autorités constituées

dans

dans aucune circonstance, rien qui puisse porter atteinte à ma probité. C'étoit pour le bonheur du peuple, disoit-on, que fut imprimé le mouvement révolutionnaire. Homme du peuple, je ne devois ni trahir, ni abandonner ses intérêts. Je me livrai donc de bonne foi et tout entier à l'impulsion donnée, prenant toujours pour guides les lois, la justice et l'humanité.

Victime tour-à-tour de toutes les factions qui ont opprimé le peuple, dévoré sa substance, trahi, sacrifié ses armées, versé le sang de tant de millions de citoyens sur tous les points de la république, pillé, dilapidé les richesses nationales avec une impunité révoltante, je fus dénoncé et désarmé comme suspect en 1793 ; et sous le règne désastreux de *Laurence*, je fus signalé et désarmé comme terroriste. Cependant je n'en demeurai pas moins attaché à la cause du peuple et ferme dans mon opinion politique.

J'ai rempli pendant dix-huit mois les fonctions de notable; j'ai servi dans la garde nationale ; j'ai affermé des biens nationaux, acheté des biens d'émigrés, que j'ai revendus à mon grand regret. Je fus mis en réquisition par le général Requin pour aller commander le dépôt des chevaux de remonte établi à Muret : les administrateurs du District de cette commune me donnèrent une preuve non équivoque de la confiance qu'ils avoient en mon zèle et en ma probité. Ils me firent remettre les fonds nécessaires pour acheter trois cents chevaux destinés à l'artillerie volante. Je remplis cette importante commission à la grande satisfaction de mes commettans, et je repris la gestion de mes propres affaires.

Pour soutenir autant qu'il étoit en moi le crédit du papier-monnoie, je vendis en assignats trois pièces de terre de mon

B

patrimoine ; pour récompenser cet acte de civisme, on me comprit pour 800 francs dans l'emprunt forcé. Ma confiance sur les assignats fut bientôt trompée par la loi qui survint et qui en ordonnoit l'échange contre des mandats, à trente capitaux pour un. Je fis sans peine ce nouveau sacrifice, persuadé que l'intérêt de la patrie l'exigeoit de moi ; mais malheureusement tous les sacrifices faits par le peuple, n'ont servi qu'à enrichir les voleurs, les agioteurs, les ennemis du peuple, et ce sera toujours pour lui un sujet d'étonnement, d'indignation et de murmure, que de voir des invidus descendus en sabots et presque nuds des montagnes, n'ayant, pour toute propriété, qu'un grand fonds d'ambition et d'intrigue, posséder aujourd'hui les plus belles propriétés, et insulter à la misère du peuple.

Au moyen des mandats qui me furent donnés en échange de mes assignats, j'acquis, conformément à la loi du 28 ventose, le bois *de Campbernard*, ayant appartenu au ci-devant ordre de Malthe, et j'en fis défricher une partie qui ne produisoit rien.

De société avec Marion le fils, j'affermai dans la commune de Goujon, un bien patrimonial que nous jouissons encore ; un domaine national dans la commune de Montblanc, département du Gers. Lorsqu'on a affermé le droit de passe, je suis devenu adjudicataire, d'abord de la barrière de St.-Cyprien, ensuite des barrières de la porte de Toulouse à Muret, de celles de Rieux, d'Auterive et d'une partie de celles du département du Gers. J'ai de plus affermé pour mon compte une métairie nationale à Plaisance. Ainsi tous les actes que j'ai faits pendant la révolution prouvent mon zèle pour la chose publique, et par conséquent mon civisme.

Mais vous avez acquis une honnête aisance, me diront les lâches et sombres envieux. Eh bien ! pouvez-vous me prouver qu'elle soit acquise contre les lois de l'honneur ? Etoit-ce donc pour me ruiner que je me suis montré sage, économe, vigilant et laborieux ? Que n'en faisiez-vous autant, vous qui m'avez calomnié auprès des agens du Gouvernement ? comme à moi la carrière vous étoit ouverte ; comme moi vous auriez acquis une honnête aisance, et vous ne seriez pas réduits au triste et vil métier de délateurs, et vous ne verriez pas un conspirateur dans l'homme probe qui fut toujours soumis aux lois.

Moi conspirateur contre la république et contre la vie du premier consul ! Moi complice des vendéens, des royalistes, des prêtres et des religieuses, que le ministre de la police vient de livrer aux tribunaux !... Si j'avois pour accusateur des loups, je croirois sans peine qu'ils n'ont imaginé ce prétexte que pour dévorer l'agneau avec une apparence de justice, et que la raison du plus fort seroit l'unique loi de mes persécuteurs.

Moi complice de l'attentat commis sur la personne du premier consul !... Je suis républicain. Il a sauvé la république, que l'ineptie et la trahison avoient presque anéantie ; (*voyez la loi du 18 brumaire an* 7) il travailloit avec un zèle infatiguable à nous procurer une paix solide et glorieuse ; c'est pour la république qu'il est allé vaincre ses ennemis à Maringo. Il s'occupoit sans relâche du bonheur commun ; il étoit prêt à porter dans toutes les parties de l'administration intérieure, le glaive d'une salutaire réforme ; et j'aurois pu avoir l'idée de me lier avec ses assassins !... On doit supposer un motif d'intérêt quelconque à celui qui se propose un crime ;

et cet intérêt ne peut se trouver chez des républicains ; les ennemis des rois ne sont pas ceux de la république. L'inculpation est trop grossière et trop absurde, pour que le Gouvernement ne s'apperçoive pas bientôt qu'on l'a trompé.

Depuis l'an trois, les diverses factions qui successivement se sont disputé le pouvoir suprême, ont créé, dénoncé, poursuivi des conspirations de toutes les couleurs. Qu'en est-il résulté ? Quelques victimes ont été sacrifiées, et le peuple accoutumé à cette tactique des disciples de Machiavel, n'a plus voulu croire aux conspirations.

Ce n'est pas que je veuille jeter le moindre doute sur les rapports faits par les ministres et les papiers publics, à l'occasion des événemens du 3 nivose ; j'y ajoute foi pleine et entière ; mais lorsque les ministres attribuent la conspiration au royalisme, au fanatisme, à l'or corrupteur de l'Angleterre ; pourquoi dans le département de la Haute-Garonne, à deux cents lieues de Paris, veut-on déverser l'odieux de cette même conspiration sur les républicains ? Pourquoi s'empresse-t-on de pardonner aux colporteurs des diatribes contre le premier consul, tandis qu'on poursuit avec tant d'acharnement la vengeance d'autres diatribes particulières, qui n'ont rien de commun avec le premier consul ni avec le Gouvernement ?.. Et l'on voudroit nous persuader que c'est le Gouvernement qui a donné des ordres à cet égard ? Eh bien ! je le répète ; le Gouvernement a été trompé par des faux rapports ; mais la vérité percera bientôt le nuage dont on l'enveloppe, et dévoilera l'injustice de nos persécuteurs. Le gouvernement juste et bon, ne souffrira pas impunément qu'on cherche à le rendre odieux par des actes injustes et tortionnaires il ne veut pas être réduit à dire, comme certains tyrans ; *qu'on me haïsse, pourvu que l'on me craigne.* Il sait trop que le véritable but de toute institution politique, est le bonheur de tous les associés.

Le 28 ventose dernier, j'arrivai à Toulouse, venant d'Agen ; je m'y rendois pour des affaires de mes co-associés à la ferme des barrières. Je fus instruit qu'il existoit un mandat d'amener contre moi ; on me conseilloit de m'y soustraire pour éviter la persécution. Je repoussai de lâches conseils, et je m'empressai de me rendre devant le directeur du jury, Carriere, juge du tribunal de première instance, qui me fit subir mon interrogatoire, sans m'avoir donné communication des dépositions des témoins.

Il me demanda si j'avois assisté à des assemblées tenues à St.-Cyprien, du 9 au 10 nivose, six jours après l'explosion de l'infernale machine qui avoit attenté à la vie du premier consul, et trois jours avant que la nouvelle ne parvînt à Toulouse, et à qu'elle heure je me retirai.

Il y a tant de sortes d'assemblées qui ne sont pas secrètes, sur-tout en tems de carnaval ; assemblées de danse, assemblées de bonne chère, assemblées de jeux de hasard, où se ruinent, sous les yeux de l'autorité protectrice et qui partage périodiquement leurs tristes dépouilles, des pères, des mères de famille dénaturés et barbares, dont les enfans sont réduits à la plus horrible misère. O morale publique !.... ô Bonaparte !.... Si j'étois aussi éloquent que le vieux paysan du Danube, que de vérités importantes j'irois te dire en plein sénat.

La question faite d'une manière vague, me surprit ; mais comme je ne viens à Toulouse que momentanément et pour des affaires sérieuses qui ne me permettent pas d'assister à des assemblées, je répondis franchement par la négative, et je défie que personne puisse me prouver ce fait, à moins que ceux qui ont ourdi cette procédure ne fussent assez scélérats pour employer le faux témoignage; ce que je suis loin de penser et de craindre.

Le directeur du jury me demanda s'il n'est vrai que j'eusse dit à une personne de fermer ses portes, si elle entendoit du bruit.

Arrivant il y a quelque tems à Toulouse, j'appris qu'on se disposoit à une réaction contre les patriotes, et qu'on devoit faire des arrestations pendant la nuit; en me retirant à l'auberge, je dis à Fonvieille de fermer ses portes. Telle fut ma réponse; il me semble que ce n'est pas un crime de dire à un aubergiste de fermer ses portes la nuit. Cette question est très-vague et n'a rien de commun avec la conspiration qui avoit déjà échoué.

Le directeur du jury me demanda encore si je n'avois eu une correspondance suivie à Paris.

Cette question me prouva bien clairement qu'on cherchoit un prétexte quelconque pour justifier, au moins en apparence, le mandat d'arrêt qu'on avoit déterminé de décerner contre moi. Je n'ai jamais su écrire, à peine ai-je pu parvenir à mal signer mon nom; on voit par là quelle a dû être ma réponse.

On me demanda encore si je n'avois été chargé de commander des hommes armés, sans dire à quelle époque ni pour quel objet.

Je répondis que je n'avois jamais su qu'obéir.

Vous êtes accusé, me dit-on enfin, d'avoir conspiré contre la république et le premier consul.

Je suis un vétéran de la révolution, j'aime trop la république et le chef qui la régit pour avoir jamais eu l'idée de conspirer contr'eux.

Voilà mes réponses aux différentes questions que me fit le directeur du jury Carriere ; elles devoient lui paroître justificatives, sur-tout lorsque son enquête ne fournissoit ni preuves ni forts indices contre moi ; je devois donc m'attendre à une ordonnance de renvoi en liberté ; la justice commandoit cet acte. Cependant le directeur du jury me dit, avec le ton du regret, qu'il ne pouvoit s'empêcher de décerner un mandat d'arrêt contre moi ; il me donna à comprendre, ainsi qu'à d'autres détenus, qu'il étoit forcé de suivre une autre impulsion que celle de la loi, de la justice et de sa conscience ; qu'il y avoit des ordres du Gouvernement !... Des ordres du Gouvernement, pour incarcérer sans motif les amis de la république ! Directeur du jury, vous êtes juge, et vous devez savoir que votre conscience est indépendante de toute espèce d'autorité.

Nous devons tous respecter le Gouvernement et ses ordres ; mais le Gouvernement est ou doit être juste, et je ne doute pas qu'il ne le soit ; dès-lors c'est le calomnier, c'est chercher à le représenter comme tyrannique, que de laisser croire qu'il ait pu donner à la justice une autre impulsion que celle de la loi. Il seroit souverainement injuste de faire une procédure dans laquelle il ordonneroit de confondre les innocens avec les coupables ; mais je suis persuadé qu'ici les seuls coupables sont ceux qui ont trompé le Gouvernement.

Ce n'est pas dans le département de la Haute-Garonne, qui a toujours combattu avec courage les ennemis du Gouvernement, qu'il falloit chercher des conspirateurs contre lui ; aussi les moins clairvoyans ne sont point dupes de cette manœuvre, et il n'est personne qui ne soit convaincu, par les questions imprudentes qu'on a faites à certains détenus, que la vengeance et des animosités particulières ont suscité cette odieuse persécution. La passion s'aveugle elle-même, en croyant aveugler tout le monde. Quand on est loup, il faut agir en loup ; si l'on prend la peau du mouton, il paroît toujours un bout d'oreille.

Me voilà donc privé de ma liberté arbitrairement, malgré le mandat d'arrêt, qui ne rendra jamais légale mon arrestation injuste. Eh bien ! je demande des juges, je ne crains pas de paroître devant les tribunaux, ma conscience est mon premier juge, elle me dit que je ferai rougir mes accusateurs, s'ils sont susceptibles de remords. Si la justice n'est point enchaînée par l'autorité, elle fera triompher mon innocence et me vengera de mes lâches dénonciateurs ; car je prends ici l'engagement de les poursuivre devant tous les tribunaux. Ils seroient trop contens s'ils pouvoient être lâches et perfides impunément.

Je demande des juges, et je proteste d'avance contre les lenteurs affectées qu'on pourroit mettre dans l'instruction de cette procédure ; la loi veut qu'elle soit faite par le directeur du jury, toutes affaires cessant, à peine de forfaiture ; il ne peut en suspendre le cours, sans se rendre coupable de détention arbitraire.

Je suis fermier de plusieurs barrières, de domaines nationaux, et je rends responsables des dommages que je pourrois éprouver, tous ceux qui voudroient entraver à mon égard la marche de la justice.

GAILLARDIE.

www.ingramcontent.com/pod-product-compliance
Lightning Source LLC
Chambersburg PA
CBHW060453050426
42451CB00014B/3293